BEI GRIN MACHT SICH IHR WISSEN BEZAHLT

Leib-Seele-Problem und seine Auswirkungen auf die Therapie psychischer Störungen. Eine detaillierte Untersuchung

Eva Hagel

Bibliografische Information der Deutschen Nationalbibliothek:

Die Deutsche Nationalbibliothek verzeichnet diese Publikation in der Deutschen Nationalbibliografie; detaillierte bibliografische Daten sind im Internet über http://dnb.d-nb.de abrufbar.

ISBN: 9783346884121
Dieses Buch ist auch als E-Book erhältlich.

© GRIN Publishing GmbH
Trappentreustraße 1
80339 München

Druck und Bindung: Books on Demand GmbH, Norderstedt Germany
Gedruckt auf säurefreiem Papier aus verantwortungsvollen Quellen

Das vorliegende Werk wurde sorgfältig erarbeitet. Dennoch übernehmen Autoren und Verlag für die Richtigkeit von Angaben, Hinweisen, Links und Ratschlägen sowie eventuelle Druckfehler keine Haftung.

Das Buch bei GRIN: https://www.grin.com/document/1353185

Einsendeaufgabe

Einführung in die Psychologie

Alternative A

SRH Fernhochschule – The Mobile Universitiy

Modul: Einführung in die Psychologie

Studiengang: Psychologie B. Sc.

In folgendem Text werden alle Personen, ungeachtet ihres Geschlechts oder ihrer Herkunft, gleich geachtet und respektiert.

Zugunsten des Leseflusses werden vereinzelt Personenbezeichnungen in männlicher oder weiblicher Form verwendet. Dies schließt jedoch jeweils alle anderen Geschlechter mit ein.

Inhalt

Abbildungsverzeichnis

Tabellenverzeichnis

1. Das "Leib-Seele-Problem" und dessen Konsequenzen für die Therapie psychischer Störungen

Die Seele und ihre Beziehung zum Körper – eine Untersuchung, die tief in unserer Kulturgeschichte und Geistesgeschichte verankert ist. Es existiert eine Vielzahl unterschiedlichster Facetten in der Betrachtungsweise, die von der Antike bis in die Gegenwart reichen (Metzinger, 2007). Bei der folgenden Charakterisierung des Leib-Seele-Problems werden einzelne große Persönlichkeiten mit ihren Ansichten über Seele, Geist und Körper skizziert, um am Ende dieses Abschnittes aufzuzeigen, welche Konsequenzen diese Überlegungen für heutige Therapien psychischer Störungen haben könnten.

1.1 Charakterisierung des "Leib-Seele-Problems" anhand eines Streifzuges durch die Geschichte.

Mit der Frage, in welchem Verhältnis Geist / Bewusstsein zum Köper / Gehirn steht und wie sich diese beiden Akteure gegenseitig beeinflussen, wird ein Problembereich in der Ontologie (die Lehre des Seins) der Philosophie aufgestoßen, in dessen Kern das sogenannte „Leib-Seele-Problem" (Metzinger, 2007, S. 11) verhaftet ist. (Beckermann, 1999; Schönpflug, 2006). Bei der Suche nach Antworten darauf, ob alle psychischen Vorgänge auf physische Prozesse reduzierbar sind oder ob alles menschliche Verhalten durch externe Ursachen hervorgebracht wird und der Mensch somit keinen freien Willen hätte, ergeben sich unzählige weitere Fragestellungen, die in der Philosophie und Psychologie bis heute bearbeitet und diskutiert werden (Fetchenhauer, 2018).

Zu Beginn kann das „psychophysische Problem" - auch „mind-body-problem" genannt - grob in Dualismus und Monismus unterteilt werden (Schönpflug, 2006, S. 11). Bei der dualistischen Ansicht wird die Seele und der Körper streng getrennt. Sie existieren beide in unterschiedlicher Form, sind also verschieden und nicht identisch (Brüntrup, 1996).

Bei der monistischen Auffassung bilden Geist und Körper eine untrennbare Einheit, sind eine Substanz (Schönpflug, 2006). Beide Hauptrichtungen lassen sich in mehrere mehr oder weniger extreme Sichtweisen ausdifferenzieren (Margraf & Schneider, 2009).

Bereits in der Antike setzten sich die ersten Naturphilosophen vor Sokrates, Sokrates selbst (ca.470 v.Chr.-399 v.Chr.) sowie sein Schüler Platon (427 v.Chr.–347 v.Chr.) und wiederum dessen Schüler Aristoteles mit den Begriffen Seele, Vernunft oder Hauch des Lebens (Psyche) auseinander. Während Sokrates eine monistische Auffassung vertritt, bei der Seele und Körper für den Verlauf eines Lebens ein Team bilden und sich die unsterbliche Seele nach dem Tod vom Körper löst, kann bei Platon erstmals von Dualismus gesprochen werden. Er unterscheidet zwischen einer materiellen und einer ideellen Welt (Beckermann,1999; Reuter,2014).

Sein Schüler Aristoteles (384 v.Chr.-322 v.Chr.) orientiert sich zwar an der Seelenlehre seines Lehrers, ging jedoch von einer monistischen Beziehung aus. Er fasst in seinen Überlegungen die Seele erstmals als immateriell auf und teilt seine Erkenntnisse in dem Werk „Peri Psychés" (lateinisch: „De anima"; deutsch: „Über die Seele") mit. Darin legt er im ersten Kapitel dar, „dass die *Zustände der Seele* nicht getrennt von der physischen Materie der Lebewesen existieren" (Aristoteles, Buchheim & Ross, op. 2016, S. 61).

Als Antwortversuch auf die Frage nach dem Leib-Seele-Problem beschreibt er den Körper als Werkzeug der Seele und definiert diese als Ursache und Lebensprinzip aller Lebewesen (Aristoteles et al., op. 2016). Zudem unterstellt er die seelischen Fähigkeiten einer gewissen Hierarchie. Er unterteilt sie in vegetative Seelenteile, wie er sie den Pflanzen zuspricht, in animalische Seelenteile, wie sie bei den Tieren vorkommen und als höchste Stufe die denkenden Seelenteile, welche nur beim Menschen auftreten (Maderthaner, 2010). Während er die animalische Seele im Herz verortet, bedarf es bei der denkenden Seele keinerlei Lokalisation (Aristoteles et al., op. 2016).

Zu seinen Annahmen kommt Aristoteles, der sich selbst als Realwissenschaftler sieht, durch eine gründliche Anwendung wissenschaftlicher Methoden: Genaue Betrachtung, Sammlung von Informationen, Analysieren von Ursachen, logisches Schlussfolgern und eine methodische Überprüfung, um eine Kausalität, also einen Zusammenhang zwischen Ursache und Wirkung, herzuleiten (Galliker, Klein & Rykart, 2007; Mühlfelder, 2017; Reuter, 2014).

In der Spätantike widmet sich unter anderem der Philosoph und Theologe Aurelius Augustinus (354-430) dem Leib-Seele-Problem. Für ihn gibt Gott alles Wahre in die reine Seele ein und der Mensch kann es dann durch Introspektion erfahren. Seiner Meinung nach ist die Seele eine eigenständige, unsterbliche Substanz, welche sich selbst steuert und dem Körper, der das sündige Fleisch darstellt, Kommandos erteilt. Somit ist hier eine getrennte, also dualistische plus christliche Sichtweise erkennbar (Galliker et al., 2007; Reuter, 2014).

In der mittelalterlichen Epoche der Scholastik betritt Thomas von Aquin (1225-1274) die Bühne der Theologie und Philosophie, um sich der Seelenkunde und den Naturwissenschaften mit religiöser Interpretation zu widmen (Maderthaner, 2010; Reuter, 2014). Aquin nimmt Bezug auf Aristoteles und spricht von einer Seele als Lebenskraft, als sinnliche Wahrnehmung, als triebhaftes Streben, sowie einer bewegungsfähigen Seele und Sitz des Verstandes (Maderthaner, 2010). Zudem prägt er den Begriff „forma substantialis" (Reuter, 2014, S. 57), womit er die Geistigkeit der Seele, welche mit der Zeugung beginnt und über den Tod hinaus bestehen bleibt, beschreibt. Körper und Geist sind für ihn eine „geistseelische Einheit" (Reuter, 2014, S. 57).

In der Zeit der Renaissance im 15.-16. Jahrhundert führt der Weg der Philosophen wieder hin zu freierem Denken (Galliker et al., 2007). In dieser Zeit wird in Frankreich René Descartes geboren (1596-1650). Er wird Philosoph und Naturwissenschaftler und veröffentlicht in seinen Schriften seine Ansichten zur Gegensätzlichkeit von Geist und Körper. Für die geistige Substanz wählt er den Begriff „res cogitans" (lat: res=die Sache, cogitare=denken), für das Körperliche „res extensa" (lat: res=die Sache, extendere=ausdehnen) (Reuter, 2014, S. 73). Aufgrund dieser klaren Trennung und Unterscheidung von Leib und Seele wurde der Begriff „kartesianischer Dualismus" geprägt (Reuter, 2014, S. 73). Für Descartes besteht die körperliche Welt aus allem Materiellen, also Natur und alle Lebewesen und muss unter naturwissenschaftlichen Aspekten betrachtet und untersucht werden. Die geistige Seite stellt sich immateriell, subjektiv, als Bewusstsein und Denken dar, was mit einer geisteswissenschaftlichen Methode wie Introspektion und Reflexion der eigenen Gedanken durchdrungen werden kann (Galliker et al., 2007; Mühlfelder, 2017).

Aufgrund dieser realen Verschiedenheit kommt Descartes zu dem Entschluss, dass beide Pole unabhängig voneinander existieren können (Beckermann, 1999). Weiterhin beschreibt er zwischen beiden Substanzen eine komplizierte Wechselwirkung und entwickelt die Theorie einer Schnittstelle für eine kausale Interaktion im Körper. Dies soll seiner Meinung nach das kleine, sich im Gehirn befindliche Organ Zirbeldrüse sein (Beckermann, 1999; Brüntrup, 1996).

Die Wissenschaftler und Philosophen der Epoche der Aufklärung, wie Immanuel Kant (1724-1804) denken und arbeiten sehr vernunftorientiert. Für Kant ist eine wissenschaftliche Beschäftigung mit der Seele ausgeschlossen, da sie keiner Erscheinungswelt angehört. Die Menschen sollen sich auf ihren Verstand besinnen und denselbigen mutig benutzen (Galliker et al., 2007).

Eine geistige Kehrtwende am Ende der Aufklärung im 19. Jahrhundert mündet in das Zeitalter der Romantik. Die auf Verstand begründete Philosophie wurde von der Vorstellung einer beseelten Natur, welche den Menschen mit einschließt, abgelöst (Reuter, 2014). Dichter, Musiker, Künstler und Schriftsteller wenden sich nun ebenso philosophischen Fragestellungen zu und rücken Empfindungen, Wahrnehmungen, Emotionen und Sehnsüchte in den Mittelpunkt des Denkens und Schaffens. So sprechen beispielsweise Kompositionen von

Franz Schubert (1797-1828) von dieser beseelten Natur sowie deren Beobachtung (Mühlfelder, 2017). Im Zentrum dieser Epoche findet sich eine sehr tiefschürfende Beschäftigung mit den menschlichen Seelenzuständen. Dem Gefühl wird Raum gegeben ohne es logisch zu kategorisieren. Eine alleinige rationale Betrachtung der Welt und des Lebens wird als nicht zielführend erachtet. Besonders Musiker und Literaten sind Forscher ihres subjektiven Seelenlebens, beobachten die Seelenzustände genau und sind dabei besonders von den dunklen und bizarren Tendenzen der Seele fasziniert.

Zum Ende dieses Jahrhunderts gehen Forschende, wie beispielsweise Gustav Theodor Fechner (1801-1887) an die Seelenkunde mittels technischer und methodenorientierter Untersuchungen heran. Sie wollen nun Empfindungen nicht mehr künstlerisch interpretieren, sondern mathematisch erforschen (Reuter, 2014). Um auf monistischer Basis die Beziehung zwischen Körper und Geist untersuchen zu können, kreiert Fechner einen eigenen Begriff - die „Psychophysik" und erfand sogar eine mathematische Formel für das Messen von Empfindungsstärken – welche er im „Weber´sche Gesetz" niederschreibt (Galliker et al., 2007, S. 190–191). Einige Wissenschaftler jener Epoche sehen demnach seelische Zustände in einem naturwissenschaftlichen Zusammenhang. Sie versuchen physische Aspekte zu messen, um daraus psychische Befindlichkeiten abzuleiten (Reuter, 2014).

In der heutigen Zeit existiert nicht mehr nur diese eine Sichtweise, sondern neue Begrifflichkeiten und Aufteilungen werden überlegt. So spricht beispielsweise der australische Philosoph John Carew Eccles (1903-1997) von einer „Gehirn-Bewusstsein-Liaison" (Popper & Eccles, op. 1989, S. 62) und der österreichisch-britische Philosoph Karl Popper (1902-1994) teilt den Geist und das Gehirn gar in drei Welten auf, welche miteinander interagieren. „Welt 1" umfasst seiner Ansicht nach alle Gegenstände physischer Natur, „Welt 2" subjektive Bewusstseinszustände und „Welt 3" stellt „Inhalte des Denkens und der Erzeugnisse des menschlichen Geistes" dar (Popper & Eccles, op. 1989, S. 62–63).

Dem Messen allerdings ist die Wissenschaft bis heute treu geblieben. Mittels Messungen neuronaler Prozesse wird in unserer Epoche versucht, subjektives Erleben zu begründen und Faktoren im Gehirn ausfindig zu machen, die für psychische Probleme verantwortlich sind. Der Dualismus weicht laut Fuchs scheinbar einem „neurobiologischen Monismus" (Fuchs, 2010, S. 1). Auch der britische Philosoph Colin McGinn (1950) ist der Ansicht, dass die Wissenschaft zwar weiß, dass Millionen Neuronen im Gehirn Bewusstsein erzeugen, doch noch weiß niemand „wie dieses Wunder sich vollzieht" (Colin McGinn, 2007, S. 464)

Seit Jahrtausenden wird in der Philosophie und Psychologie die Beziehung zwischen Leib und Seele zu beantworten versucht. Hier schließt sich der Kreis Antike – Gegenwart, denn Aristoteles sagt bereits über die Seele: „In jeder Hinsicht gehört es

auf alle Weise zum Schwierigsten, irgendeine zuverlässige Antwort über sie zu bekommen"
(Aristoteles et al., op. 2016, S. 53; Maderthaner, 2010).

1.2 Therapiekonsequenzen aus monistischer und dualistischer Sicht

Wird konsequent nach dualistischem Schema gedacht (wobei auch unter Dualisten Uneinigkeiten bestehen), das heißt, das Mentale und das Physische als substanziell andersartig gesehen, müsste schon die Erforschung von psychischen Problemen streng von biologischen getrennt werden (Gadenne, 2004). Doch - eine Untersuchung des Bewusstseins ist momentan nicht zu erfassen, auch wenn die Neurobiologie bedeutende Ergebnisse verspricht und die Wechselwirkung zwischen biologischen und psychischen Erscheinungen besser verständlich und nachvollziehbar macht (Pauen, 2014; Senf, Broda, Voos & Neher, 2020).

Unter einem dualistischen Blickwinkel gibt es Krankheiten, welche auf der einen Seite rein somatischer Entstehung geschuldet sind und auf der anderen Seite Krankheiten, die sich aufgrund ausschließlich psychischer Faktoren entwickeln (Fritzsche, 2006). In der Folge werden auch die Behandlungsmethoden aufgeteilt in Psychotherapie einerseits und Pharmakotherapie andererseits. Das bedeutet, dass z.B. bei einer Depression nur auf Verhaltenstherapie als Erfolgsweg gesetzt wird oder bei schweren Verläufen auf eine rein biomedikamentöse Therapie, die aus Medikamenten oder anderen Verfahren besteht, welche auf das Nervensystem einwirken.

Da sich die Forschung jedoch zunehmend von der dichotomen Betrachtungsweise des Leib-Seele-Problems entfernt, gibt es Ansätze, die beide Therapieformen miteinander kombinieren, was einen „elektischen Ansatz" darstellt (Myers, 2014, S. 704; Senf et al., 2020)

Bei einer monistischen Denkweise ist der Leitgedanke, dass das Körpergeschehen ein Produkt oder eine Spiegelung des psychischen Erlebens ist und umgekehrt (Nolting & Paulus, 2009). Die Zustimmung, dass beispielsweise die Ursache einer Depression nicht ausschließlich eine Störung der Arbeit der Neurotransmitter ist, kann man zunehmend in wissenschaftlichen Kreisen unserer heutigen Zeit erkennen (Senf et al., 2020). Somit wird in der psychosomatischen Medizin ein neues Konzept kreiert, in dem der Mensch in der Therapie in seiner Gesamtheit wahrgenommen und betrachtet wird, indem sämtliche zusammenhängenden Lebensumstände miteinbezogen werden. Dazu gehören die biologischen Voraussetzungen, also die genetische Prädisposition sowie körperliche und psychologische Umstände plus sozial-kulturelle Bezüge (Fritzsche, 2006). Nur wenn alle Punkte bei diesem sogenannten „biopsychosozialen Ansatz" harmonisch miteinander zusammenspielen, kann Gesundheit sich entfalten (Myers, 2014, S. 9). In der Konsequenz ist Gesundheit „nicht als ein Zustand definiert, sondern als ein dynamisches Geschehen." (Gerrig, 2018, S. 490).

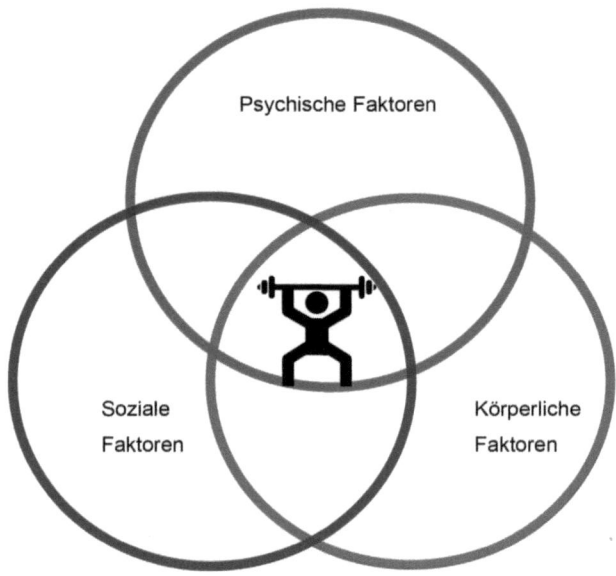

Abb.: 1   Das biopsychosoziale Modell
   Quelle: Eigene Darstellung in Anlehnung an Nolting,H-P.: 2012, S. 168

Ein berechtigter Kritikpunkt am biopsychosozialen Modell ist, dass sich das Leib-Seele-Problem auch hiermit nicht lösen lässt, denn noch immer steht die Wissenschaft vor der Frage, WIE etwas Nicht-Materielles (Gedanke) eine Wirkung auf etwas Körperliches (Gehirn) entfalten kann (Egger, 2015). Jedoch liegt seelischen Störungen immer eine auf mehreren Faktoren basierende Beeinträchtigung zugrunde, weswegen es nicht bei einer einseitigen Betrachtungsweise bleiben darf (Kapfhammer, 2011). Da ein Konkurrenzdenken beider Perspektiven den Patienten in seinem Genesungsverlauf nicht optimal unterstützt, setzen deshalb die Wissenschaften vielmehr auf eine Versöhnung beider Konzepte und versuchen mittels neuer Erkenntnisse auf allen wissenschaftlichen Ebenen die „Lücken in dem Verständnis der Wechselwirkungen von Körper und Seele" zu schließen (Fritzsche, 2006, S. V).

2. Betrachtung des Experiments in psychologischer Forschung und Erarbeitung von Vor- und Nachteilen im Vergleich mit Feldstudien

Jedes Handwerk benötigt spezielles Werkzeug, um eine zufriedenstellende Arbeit möglich zu machen. Um der Aufgabe der Psychologie gerecht zu werden, über menschliches Erleben und Verhalten Informationen zu gewinnen, diese zu erklären und vorherzusagen sowie gegebenenfalls zu verändern, bedient sie sich aus einem Werkzeugkasten, der mit verschiedenen Forschungsmethoden gefüllt ist (Eid, Gollwitzer & Schmitt, 2015). Die Methoden Experiment und Feldstudie sollen im Folgenden näher betrachtet werden.

2.1 Historische Entstehung des Experiments in der Psychologie

Eine der verwendeten Hauptmethoden, um wissenschaftliche Erkenntnisse zu sammeln und allgemeine Gesetzmäßigkeiten zu erforschen, ist das Experiment (Huber, 2019). Ihren Anfang hat die experimentelle Methode im 19. Jahrhundert. Die Namen Gustav Fechner (1801-1887) und Wilhelm Maximilian Wundt (1832-1920) müssen in diesem Zusammenhang genannt werden. Sie gelten als Pioniere und Begründer des experimentellen Versuchs. Wie bereits weiter oben beschrieben, wollte der Physiker, Psychologe und Philosoph Fechner mittels mathematischer Methoden auf der Grundlage empirischer Forschung die Relation zwischen Körper und Seele messen (Galliker et al., 2007). Wundt seinerseits war Physiologe, Psychologe und Philosoph und gründet an der Universität Leipzig 1879 das weltweit erste „Institut für experimentelle Psychologie" (Lück, 2005, S. 35), was ihn auch international bekannt macht. Dort untersucht er in Laborexperimenten mithilfe eigens entwickelter Apparaturen grundlegende psychische Prozesse, wie Sinneseindrücke, auf der Basis der Naturwissenschaft (Lück, 2013). Als zweite ergänzende Methode setzt Wundt auf eine kontrollierte Selbstbeobachtung, um zu wissenschaftlichen Erkenntnissen über psychische Vorgänge wie Gefühle und Stimmungen zu gelangen. Seine beiden Methoden sieht er nicht als Konkurrenz zueinander, sondern als Ergänzung, da er jeder ihren eigenen Zuständigkeitsbereich zuschreibt. (Lück, 2013). Durch seine systematische Forschungsarbeit in der Psychologie und der Ausbildung weiterer Psychologengenerationen an seiner „Leipziger Schule" (Lück, 2013, S. 64), wie sein Labor später heißt, hat er die experimentelle Forschungsmethode etabliert und der Psychologie als selbständige Disziplin den Boden bereitet (Galliker et al., 2007).

2.2   Experiment als Königsweg

Wie bereits angesprochen, werden Erkenntnisse mittels Forschungsmethoden gewonnen. Es können zwei Hauptkategorien an Forschungsmethoden identifiziert werden: Die quantitativen Methoden, mit denen numerische Daten (=Zahlen) generiert werden und qualitative Methoden, welche in Form von Texten, Grafiken, Bildern, Videos oder anderes mehr auszuwerten sind (Kuckartz & Rädiker, 2022). Eine quantitative Methode, bei der Informationen mittels einer speziellen Versuchsanordnung in einem Untersuchungsraum (Labor) gewonnen werden können, ist die experimentelle Methode, das „kontrollierte Experiment" im Speziellen (Becker-Carus & Wendt, 2017, S. 21).

In der psychologischen Forschung kommen hauptsächlich Laborexperimente zum Einsatz, da hier die Bedingungen so gestaltet werden können, dass sie sich speziell und passgenau für den zu untersuchenden Gegenstand eignen (Reinhardt & Ornau, 2021). Das Ziel oder der Zweck eines Experiment besteht darin, eine möglichst allgemeingültige Hypothese (=Vermutung) auf Kausalität (=Ursache-Wirkungs-Prinzip) zu untersuchen und zu überprüfen, um dadurch einen Erkenntnisgewinn zu erlangen (Huber, 2019; Schütz, 2015). Bevor ein Experiment durchgeführt werden kann, muss die Fragestellung präzise formuliert werden, worauf sich die Hypothese gründet. Da eine Hypothese meist theoretische Begriffe enthält, müssen diese aufgesplittet werden in tatsächlich beobachtbare und messbare Phänomene. Dieser Schritt wird Operationalisieren genannt. Des Weiteren müssen bestimmte Variablen identifiziert werden, inwieweit diese für Ursache oder Reaktion verantwortlich sind (Huber, 2019). „Eine Variable ist jedes Merkmal, das sich in Menge oder Art verändert" (Gerrig, 2018, S. 33). Eine unabhängige Variable (UV) ist diejenige, welche von der durchführenden Person (Versuchsleiter) aktiv manipuliert wird, das heißt, eine Veränderung in der UV wird künstlich erzeugt.

Die UV beschreibt in einer Kausalhypothese die vermutete Ursache. Daneben gibt es die abhängige Variable (AV). An ihr lässt sich die Wirkung bzw. die Abhängigkeit von UV messen und ablesen. Sie ist also dasjenige Merkmal, welches auf UV reagiert und ist somit zeitlich nach UV. Aus diesem Grund ist es zwingend notwendig, dass es mindestens zwei experimentelle Durchläufe gibt. Einmal mit der Anwesenheit der UV, was Experimentalbedingung genannt wird, und einmal mit ihrer Abwesenheit, was die Kontrollbedingung darstellt. (Eid et al., 2015; Huber, 2019; Schütz, 2015). Daneben gibt es noch die Störvariable. Sie ist zwar kein Untersuchungsgegenstand, kann jedoch auch die AV beeinflussen und somit als Alternativerklärung fungieren. Wenn ein Kausalzusammenhang bewiesen werden soll, muss die Möglichkeit einer solchen Alternativerklärung ausgeschlossen werden (Schütz, 2015). Das bedeutet, ein Experiment kann dann als solches bezeichnet werden, wenn der Test in einem kontrollierten Rahmen stattfindet, das heißt, mögliche Umweltfaktoren so weit wie möglich ausgeschaltet sind und der Versuchsleiter systematisch mindestens eine Variable verändert. Dann muss er die Konsequenz dieser Veränderung beschreiben und gleichzeitig die Beeinflussung der Störvariablen kontrollieren (=ausschalten) (Huber, 2019; Reinhardt & Ornau, 2021).

Eine Kontrolle kann erreicht werden durch:

1. Konstanthaltung = es muss dafür gesorgt werden, dass die Variable während des kompletten Ablaufs den gleichen Wert behält.
2. Elimination = ein Auftreten der Störvariable wird verhindert.
3. Einbau ins Design = eine gleichmäßige Aufteilung der Störvariablen auf alle Bedingungen.
4. Matching (Parallelisieren) = ein strukturgleicher Aufbau in der Experimental – sowie Kontrollgruppe, was bedeutet, dass die Durchschnittswerte bzw. die Verhältnisse in jeder Gruppe möglichst gleich sein müssen.
5. Randomisierung = ein zufälliges Auftreten der Störvariablen in allen Gruppen. Ist nur bei großen Gruppen sinnvoll (Huber, 2019; Reinhardt & Ornau, 2021; Schütz, 2015).

Auch bei der Auswahl der Versuchsteilnehmergruppe (=Stichprobe) gibt es je nach Experiment verschiedene Möglichkeiten, die aufgrund exakter Vorüberlegungen auszuwählen sind (Huber, 2019). Um tatsächlich in wissenschaftlichem Sinne verlässliche und am Ende möglichst verallgemeinerbare Ergebnisse in den Händen halten zu können, müssen wichtige Gütekriterien bei der Datenerhebung eingehalten werden. Neben grundlegenden wissenschaftlichen Qualitätsansprüchen wie Ehrlichkeit, Intersubjektivität, Verständlichkeit, Nachvollziehbarkeit und weiteren, gibt es drei Hauptkriterien: Das erste Gütekriterium nennt sich Objektivität. Ein Begriff, der für Unabhängigkeit steht. Eine vom Versuchsleiter unabhängige Durchführung des Experiments, eine unabhängige Datenauswertung und eine unabhängige Interpretation der Ergebnisse muss gewährleistet sein. Außerdem müssen unterschiedliche Experten bei der Bearbeitung des gleichen Experimentsaufbau unter gleichen Bedingungen einheitliche Ergebnisse erzielen (Maschewsky, 1977; Reinhardt & Ornau, 2021).

Das zweite Gütekriterium beschreibt die Zuverlässigkeit, mit der ein Merkmal gemessen wird (Maschewsky, 1977). Der Fachbegriff hierfür nennt sich Reliabilität. Ein Experiment ist also dann reliabel, wenn wiederholte Messungen zu wiederholt gleichen Ergebnissen führen, was auch „Retest-Methode" (Reinhardt & Ornau, 2021, S. 17) genannt wird (Becker-Carus & Wendt, 2017). Ebenso als reliabel lässt sich ein Test bezeichnen, wenn eine gleichwertige

Untersuchungsanordnung vorliegt und diese zu ähnlichen Ergebnissen führt. Dies wird als „Paralleltest-Methode" (Reinhardt & Ornau, 2021, S. 17) bezeichnet.

Das dritte und wichtigste Gütekriterium ist die Validität. Sie beschreibt, wie genau eine Methode die Sache misst, die sie messen soll. Sie wird unterteilt in interne Validität und externe Validität. Die interne Validität beschreibt die Qualität des Forschungsdesigns. Sie gibt Antwort darauf, inwieweit die Erkenntnisse tatsächlich unter Einbezug einer maximalen Kontrolle der Störvariablen eine kausale Schlussfolgerung zwischen UV und AV zulassen. Der Begriff der Generalisierung geht mit der externen Validität einher. Dies bedeutet, dass die Ergebnisse des Experiments auf andere Personen, andere Situationen und Zeitpunkte übertragbar sind und somit verallgemeinert werden können (Eid et al., 2015). Um abschließend das Experiment als Königsweg zu bestätigen, sind noch einmal die bedeutenden Vorteile eines Experiments in der psychologischen (Grundlagen-) Forschung zu betonen – nämlich, dass es möglich ist, hierbei sowohl Korrelationszusammenhänge als auch Kausalverbindungen zwischen UV und AV zu überprüfen. Sowie, dass selbst Wirkungen auf geringe Veränderungen der Versuchsanordnung beobachtet werden können und dadurch die Erkenntnismenge schnell ansteigen kann (Fetchenhauer, 2018).

2.3   Vergleich Feldstudie und Experiment

Eine Datenerhebung außerhalb eines Labors fällt unter den Begriff Feldstudie. Es existieren zwei Hauptkategorien: Die qualitative Feldstudie, sowie die quantitative Feldstudie (Döring, Bortz & Pöschl, 2016). Im Folgenden wird das Experiment, welches eine Methode der quantitativen Laborstudie darstellt, einer typischen qualitativen Feldstudie, der (Fremd-) Beobachtung, gegenübergestellt.

Bei der hier beschriebenen Feldstudie handelt es sich um eine biotische Beobachtung (es existieren noch weitere Differenzierungen). Das bedeutet, den Teilnehmern ist die Beobachtung und ihr Part dabei nicht bekannt und auch der Versuchsleiter selbst gibt sich nicht zu erkennen (Reinhardt & Ornau, 2021). Informationen werden in der realen Umgebung, sozusagen im echten Leben der Versuchsteilnehmer zum Zeitpunkt des Geschehens gesammelt (Kirchmair, 2022). Dieser natürliche Lebensraum kann beispielsweise der Arbeitsplatz, das Kaufhaus oder die Schule sein (Eid et al., 2015).

Es ist eine beschreibende, keine erklärende Methode, bei der die Frage nach dem Warum nicht beantwortet werden kann (Hussy, Echterhoff & Schreier, 2013). Vor der Durchführung steht zwar eine zu überprüfende Theorie, jedoch werden meist eher wenige offene Fragestellungen formuliert, um die Datenerhebung nicht zu stark einzuschränken (Döring et al., 2016). Ein gravierender Unterschied zum Experiment ist, dass bei einer Feldstudie nicht eingegriffen wird und nichts manipuliert wird. Was bedeutet, dass eine hohe externe Validität vorliegt, weil die Erkenntnisse für diese Situation absolut gültig sind und auf ähnliche Situationen übertragbar sind. Die hohe externe Validität geht zu Lasten der internen Validität, da eventuell auftretende Störvariablen nicht kontrolliert werden können (Huber, 2019). Ein Pluspunkt dieser Feldstudie ist, dass vorher keine Vertrautheit aufgebaut werden muss, im Gegensatz zu einem Laborexperiment. Zudem müssen Teilnehmer auch nicht extra zum Labor kommen, sondern verbleiben in ihrem gewohnten Umfeld.

Anstelle von gemessenen Daten geht es bei der Beobachtung um die soziale Interaktion der Teilnehmer, wobei diese, wie bereits erwähnt, bei der verdeckten Beobachtung meist gar nicht wissen, dass sie sich in einer Test - bzw. Beobachtungssituation befinden. Dies muss auf ethische Korrektheit geprüft sein (Mayring, 2016). Um beispielsweise die Daten am Ende einer biotischen Beobachtung im Kindergarten oder in der Schule verwenden zu dürfen, muss nach einer Beobachtung zwecks Datenschutz das Einverständnis der Teilnehmer eingeholt werden (Kirchmair, 2022). Allgemein ist bei einer Feldstudie mit höherem Zeitaufwand und höheren Kosten im Vergleich zum Experiment zu rechnen.

Positiv beim Experiment zu bewerten ist die leichte Wiederholbarkeit und eine gute Vergleichbarkeit der Daten (Hussy et al., 2013). Falls bei einer Feldstudie in einer bestimmten Situation wichtige Aspekte vom Versuchsleiter übersehen werden, ist diese Erkenntnis meist unwiederbringlich verloren. Dafür kann eine Feldstudie detailreiche, oft sogar unerwartete Aspekte liefern, worauf das weitere Vorgehen ausgerichtet werden kann (Döring et al., 2016). Nachteilig erweist sich beim Experiment das Fehlen von Spontaneität und unter Umständen das Ausbleiben des natürlichen Verhaltens, da das Vorwissen um einen Test und etwaige Apparate und Messgeräte im Verhalten hemmend wirken können (Eid et al., 2015). Der Großteil der Arbeit bei der Feldstudie liegt in der Zeit nach der Durchführung, da dann die gewonnenen Datenmengen interpretiert und ausgewertet werden müssen (Döring et al., 2016).

Beide Methoden haben ihre Berechtigung für die jeweiligen Aufgabenbereiche. So kann mit einem ergänzenden Arbeiten beider Methoden ein zufriedenstellendes Ergebnis erreicht werden, indem zum Beispiel ein Laborexperiment anschließend mit einer Feldstudie überprüft wird, um dadurch die externe Validität zu stärken (Eid et al., 2015). Durch die folgenden Tabellen sollen die jeweiligen Vor– und Nachteile abschließend gegenübergestellt werden.

Laborstudie - Experiment

Vorteile	Nachteile
Korrelations, + Kausalüberprüfung	Anreise der Teilnehmer
Hohe interne Validität	Geringe externe Validität
Leichte Manipulierbarkeit der UV	Fehlen des natürlichen Verhaltens
Randomisierung möglich	Schaffung einer Vertrauensbasis
Leichte Wiederholbarkeit	
Gute Datenvergleichbarkeit	
Kontrolle von Störvariablen	
Leichteres Messen von Variablen	

Feldstudie – Beobachtung

Vorteile	Nachteile
Beobachtung sozialer Interaktion	Höhere Kosten / Zeit
Hohe externe Validität	Geringe interne Validität
Natürliches Verhalten	Keine Randomisierung
Keine Vertrauensbasis nötig	Kaum Kontrolle von Störvariablen
Mögliche positive unerwartete Aspekte	Mangelnde Planbarkeit
Vorgehensmodifizierung möglich	Hoher Bürokratieaufwand
	Gefahr des Übersehens eines Details

Tabelle 1: Vor – und Nachteile Experiment / Feldstudie
Quelle: Eigene Darstellung

3.   **Veränderungen der Perspektive auf psychische Prozesse aufgrund des Behaviorismus im Vergleich zur kognitiven Wende sowie hinsichtlich computergestützter bildgebender Verfahren**

Lernen und Entwicklung – untrennbare Elemente, die ineinandergreifen und aufeinander aufbauen. Anhand von zwei Strömungen, welche sich einerseits stark voneinander abgrenzen, andererseits aber auch ergänzen, wird das wissenschaftliche Interesse an diesen Zusammenhängen beschrieben. In heutigen Psychologiedisziplinen findet eine zunehmende Vermischung und Verbindung der verschiedenen Ansätze statt (Reuter, 2014; Schütz, 2015).

3.1 Psychische Prozesse aus dem Blickwinkel des Behaviorismus sowie der kognitiven Wende

Die psychologische Forschungsrichtung Behaviorismus behandelt die Lehre vom Verhalten (behavior) und entsteht zu Beginn des 20. Jahrhunderts in den Vereinigten Staaten. Insbesondere dort ist sie viele Jahrzehnte lang (bis ca. 1960) eine der dominanten Psychologierichtungen (Galliker, 2011; Lück, 2013). Im deutschsprachigen Raum erfährt der Behaviorismus nach 1945 bis ca. 1970 eine bedeutende Rolle. Womöglich stammt der Begriff „Behaviorist" von dem amerikanischen Psychologen James Rowland Angell (1869-1949), wobei sein Schüler John Broadus Watson (1878-1958) den Begriff 1913 erstmals öffentlich in seiner Programmzeitschrift „Psychology as the Behaviorist Views It" (Lück, 2013, S. 132) benutzt und seither als Namensgeber gilt.

Die Strömung hat sich zum Ziel gesetzt, ausschließlich beobachtbare Reaktionen auf Umweltreize und deren Konsequenzen zu untersuchen (Becker-Carus & Wendt, 2017). Das bedeutet Abkehr von der Psychologie der Introspektion hin zu einer reinen naturwissenschaftlichen Betrachtung menschlichen Verhaltens. Auf diese Weise werden neue Erkenntnisse nicht durch Interpretieren erlangt, sondern es werden Experimente auf mathematischer und logischer Basis durchgeführt und untersucht, um allgemeingültige Lernprinzipien herauszufinden. Da dabei sehr häufig Tierexperimente veranstaltet werden und die herausgefundenen Lernprinzipien gleichermaßen für Mensch und Tier gelten sollen, bringt dies dem Behaviorismus den Beinamen „Rattenpsychologie" ein (Fetchenhauer, 2018, S. 77; Jansen, 2015).

Jegliche Wörter, die annähernd das Innenleben beschreiben, wie Wunsch, Gefühl oder Denken entfernen Behavioristen aus ihrem Wortschatz. Das Innenleben eines Menschen ist im klassischen Behaviorismus eine „black box" (Lück, 2013, S. 142) – wissenschaftlich also nicht zu untersuchen. Die verwendeten Hauptbegriffe sind Reiz (= externe Einflüsse oder körpereigene Reize) und Reaktion (= Verhalten, welches auf den Reiz folgt). Das sogenannte „S–R-Schema" (Lück, 2013, S. 142) besagt, dass der Reiz (S - Stimulus) in zwingendem Zusammenhang mit der Reaktion (R) steht. Des Weiteren ist das Ziel der Behavioristen, über Verhalten eine Vorhersage zu treffen und Kontrolle zu erlangen (Watson & Graumann, 2000)

Berühmte Vertreter dieser Zeit sind neben Watson unter anderem Ivan Pavlov (1849-1936), der Konditionierungsexperimente an Hunden durchführt. Hier lernt der Organismus anhand entsprechender Signale, ein Ereignis vorherzusagen (Gerrig, 2018). Diese Technik der „klassischen Konditionierung" (Jansen, 2015, S. 19) wendet Watson und seine spätere Frau Rosalie Rayner an, um Angstentstehung bei Kleinkindern zu untersuchen (Lück, 2013). Auch zu nennen sei Edward Lee Thorndike (1874-1949), welcher Tierexperimente auf Versuch- und Irrtums-Basis unternimmt. Der Kern seiner Theorie ist, dass eine positive Verstärkung Verhaltenshäufigkeit erhöht, während negative Folgen eine Reduzierung des Verhaltens erwirken (Fetchenhauer, 2018). Er nennt dies „das Effektgesetz" (Lück, 2013, S. 135).

Daneben gibt es noch Burrhus Frederic Skinner (1904-1990), der Watson´s Ansicht vom klassischen Behaviorismus erweitert und einen radikalen Behaviorismus forciert (Lück, 2013). Er gestaltet Experimente mit Tieren, die er in eine Kiste (Skinner-Box) sperrt und mit Belohnungen bestimmte Verhaltensweisen der Tiere verstärkt. Sie lernen so durch positive oder negative Konsequenzen (Gerrig, 2018). Er nennt dies „operante Konditionierung" (Lück, 2013, S. 143) und ist der Meinung, dass mittels seiner Techniken in der Lerntherapie und bei klinischen Problemen jegliches erwünschte Verhalten erlernt werden kann (Lück, 2013).

Wie bereits kurz angedeutet, gibt es in der Strömung des Behaviorismus verschiedene weitere Modifikationen mit unterschiedlich starken Ausprägungen. Zu jener Zeit gibt es aber auch Forscher wie Karl Bühler (1879-1963), die der ihrer Meinung nach etwas einseitigen behavioristischen Betrachtung von Verhalten kritisch gegenüberstehen und der Meinung sind, dass es einen ganzheitlichen Blickwinkel benötigt, um psychologische Prozesse zu untersuchen. Bühler ist davon überzeugt, dass es weitaus mehr Vorgänge im Organismus gibt als die reinen Reflexe (Bühler, 1927).

Andere Forschende wie beispielsweise Ulric Neisser (1928-2012) oder Albert Bandura (1925-2021) beschäftigen sich ebenfalls intensiv mit Kognition und Wahrnehmung. Neisser geht davon aus, „daß jedes psychologische Phänomen auch ein kognitives Phänomen ist." (Neisser, 1974, S. 19).

Bandura stellt eine Theorie auf, die besagt, dass beim Lernen stets das Bewusstsein miteinbezogen werden muss und somit Lernen auch mit Erkenntnis zu tun hat. Die Annahme eines passiven Menschen, der nur reagiert, wurde hin zu einem wahrnehmenden und planenden Individuum, welches eigene Ziele verfolgt, verändert (Lück, 2013).

Tatsächlich werden dann im Laufe der sechziger und siebziger Jahre wieder verstärkt Gefühle und Gedanken in Zusammenhang mit Verhaltensweisen gebracht und in die Untersuchung miteinbezogen. Diese Zeitspanne, in der es wieder wissenschaftlich anerkannt ist, zusätzlich zur behavioristischen Methode einen Blick in die „black box" zu werfen und subjektive Empfindungen, Erinnerungen sowie Vorstellungen einbezogen werden, wird als „Kognitive Wende" bezeichnet (Galliker et al., 2007; Lück, 2013, S. 146).

Es geht bei eben genannten kognitiven Theorien nicht in erster Linie um das reine Verhalten, sondern um die Vorgänge zwischen Reiz und darauffolgendes Verhalten. Der Mensch wird als aktives, kognitives Individuum mit einer eigenen wahrgenommenen Realität beleuchtet (Lückert & Lückert, 1994). Um diese kognitiven Vorgänge herauszufiltern, muss sich die Kognitionspsychologie allerdings wieder einem anderen Problem stellen: Kognitive Prozesse sind nicht unmittelbar ersichtlich. Sie müssen mit bestimmten Forschungsmethoden erfasst oder erfragt werden (Lück, 2013).

3.2 Erforschung psychischer Vorgänge mittels computergestützter bildgebender Verfahren

Den Zusammenhang zwischen psychischen Prozessen und physischen Vorgängen zu messen und zu verändern ist auch heute ein weites und vielschichtiges Interessensgebiet, womit sich die biologische Psychologie beschäftigt. Mittels verschiedener wissenschaftlicher Methoden wird versucht, bei lebenden Organismen dem Gehirn bei der Arbeit zuzuschauen und zu verstehen, wie das Zusammenspiel von Gehirn, Verhalten und Umweltbedingungen funktioniert (Gerrig, 2018).

Unter anderem bedienen sich die Forschenden aus dem Methodenkasten der Neurobiologie, Physiologie oder Biochemie. Eine Methode für die Darstellung von Gehirnaktivität ist die Elektroenzephalografie (EEG). Hierzu werden Elektroden an der Schädeloberfläche angebracht, um elektrische Spannungsfelder der Nervenzellen abzugreifen, welche bei ihrer Aktivität entstehen. Somit kann ein möglicher Zusammenhang zwischen psychischer Aktion und physischer Reaktion erforscht werden, da nur die Gehirnwellen gemessen werden, die durch den bestimmten Reiz ausgelöst wurden (Myers, 2014; Schröger, Grimm & Müller, 2022).

Eines der neueren Verfahren, bei dem ein Computer tatsächliche Bilder des Gehirns entstehen lässt, ist beispielsweise die Positronenemissionstomografie (PET). Hier wird der zu untersuchenden Person ein schwach radioaktiver Zucker injiziert und der Auftrag gegeben, eine Aufgabe zu bearbeiten. Daraufhin ist es möglich, die gerade aktiven Neuronen anhand ihres Glucoseverbrauchs zu beobachten (Myers, 2014).

Ein weiteres bildlieferndes Forschungswerkzeug ist die Magnetresonanztomographie (MRT). Mit ihrer Hilfe können Gehirnstrukturen und Gehirnaktivitäten sichtbar gemacht werden. Dabei werden Wasserstoffatome im Gehirn mittels eines starken Magnetfeldes zum Ausrichten gebracht, mit elektromagnetischen Wellen gestört und die durch das Zurückschwingen abgegebene Energie gemessen. Dank deutlicher und farbiger Bilder können Forschende so erkennen und nachvollziehen, welche Bereiche im Gehirn wann miteinander in Kontakt stehen ist. (Gerrig, Graf & Zimbardo, 2013; Schröger et al., 2022; Schütz, 2015).

Eine Weiterentwicklung des MRT ist die funktionale Magnetresonanztomographie (fMRT). Dieses Verfahren kann die Hirnaktivität durch Messen des Blutflusses sichtbar machen. Durch Vergleichen mehrerer MRT-Bilder in Echtzeit kann beobachtet werden, welches Hirnareal für welche Funktionsweise verantwortlich ist (Myers, 2014).

Für die Psychologie sind die Erkenntnisse, die mittels neurowissenschaftlicher Techniken gewonnen werden, bahnbrechend und faszinierend. In ein gerade eben fühlendes und denkendes Gehirn zu blicken, ist DIE Errungenschaft unserer heutigen Zeit (Myers, 2014). Doch die Wissenschaft ist noch nicht am Ziel. Die Frage nach dem „WO" kann heute besser denn je beantwortet werden, es bleibt allein die Frage nach dem „Wie" (Schröger et al., 2022).

Literaturverzeichnis

o   Aristoteles, Buchheim, T. & Ross, W. D. (op. 2016). *De anima. Über die Seele : Griechisch-Deutsch*. Darmstadt: WBG, Wissenschaftliche Buchgesellschaft.

o   Becker-Carus, C. & Wendt, M. (2017). *Allgemeine Psychologie. Eine Einführung* (2. Auflage 2017). Berlin, Heidelberg: Springer Berlin Heidelberg.

o   Beckermann, A. (1999). *Analytische Einführung in die Philosophie des Geistes* (De Gruyter Studienbuch). Berlin: Walter de Gruyter.

o   Brüntrup, G. (1996). *Das Leib-Seele-Problem. Eine Einführung*. Stuttgart: Kohlhammer.

o   Bühler, K. (1927). *Die Krise der Psychologie*. Jena: G. Fischer.

o   Colin McGinn (2007). Können wir das Leib-Seele-Probleme lösen? In T. Metzinger (Hrsg.), *Grundkurs Philosophie des Geistes* [Verschiedene Aufl.], S. 464–488). Paderborn: Mentis.

o   Döring, N., Bortz, J. & Pöschl, S. (2016). *Forschungsmethoden und Evaluation in den Sozial- und Humanwissenschaften* (5., vollst. überarb., aktualisierte und erw. Aufl.). Berlin [u.a.]: Springer.

o   Egger, J. W. (2015). *Integrative Verhaltenstherapie und psychotherapeutische Medizin. Ein biopsychosoziales Modell* (Integrative Modelle in Psychotherapie, Supervision und Beratung). Wiesbaden: Springer Fachmedien Wiesbaden.

o   Eid, M., Gollwitzer, M. & Schmitt, M. (2015). *Statistik und Forschungsmethoden. Mit Online-Materialien* (5., korrigierte Auflage). Weinheim, Basel: Beltz.

o   Fetchenhauer, D. (2018). *Psychologie* (2., vollständig überarbeitete Auflage). München: Verlag Franz Vahlen.

o   Fritzsche, K. (Hrsg.). (2006). *Psychosomatische Medizin und Psychotherapie. Mit 16 Tabellen ; [neue Approbationsordnung]* (Springer-Lehrbuch). Heidelberg: Springer.

o   Fuchs, T. (Schattenauer GmbH, Hrsg.). (2010). *Die Psychiatrie 4/2010. Philosophische Grundlagen der Psychiatrie und ihre Anwendung*. Zugriff am 21.11.2022. Verfügbar unter: https://www.klinikum.uni-heidelberg.de/fileadmin/zpm/psychatrie/fuchs/Philosophie-Psychiatrie.pdf

o   Gadenne, V. (2004). *Philosophie der Psychologie* (Psychologie Lehrtexte). Bern: H. Huber.

o   Galliker. (2011). *Das Leib-Seele-Problem. Eine Einführung in die Philosophie des Geistes* (UTB, 2983 : Philosophie, 2., durchges. Aufl.). Stuttgart: UTB. https://doi.org/10.36198/9783838535920

o   Galliker, M. B., Klein, M. & Rykart, S. (2007). *Meilensteine der Psychologie. Die Geschichte der Psychologie nach Personen, Werk und Wirkung* (Kröners Taschenausgabe, Bd. 334). Stuttgart: Kröner.

o   Gerrig, R. J. (2018). *Psychologie* (21., aktualisierte und erweiterte Auflage). Hallbergmoos/Germany: Pearson.

o   Gerrig, R. J., Graf, R. & Zimbardo, P. G. (2013). *Psychologie* (PS Psychologie, 18., aktualisierte Aufl., [8. Nachdr.]. München: Pearson Studium.

o   Huber, O. (2019). *Das psychologische Experiment. Eine Einführung* (7., überarb. Auflage). Bern: Hogrefe AG.

o Hussy, W., Echterhoff, G. & Schreier, M. (2013). *Forschungsmethoden*. TestOrt: Springer.

o Jansen, L. (2015). *Lernen und Gedächtnis* (1. Auflage). Studienbrief der SRH Fernhochschule. Riedlingen.

o Kapfhammer. (2011). *Psychiatrie, Psychosomatik, Psychotherapie* (4., erw. und vollständig neu bearb. Aufl.). Berlin: SpringerMedizin.

o Kirchmair, R. (2022). *Qualitative Forschungsmethoden. Anwendungsorientiert: vom Insider aus der Marktforschung lernen* (Angewandte Psychologie Kompakt, 1st ed. 2022). Berlin, Heidelberg: Springer Berlin Heidelberg; Springer.

o Kuckartz, U. & Rädiker, S. (2022). *Qualitative Inhaltsanalyse - Methoden, Praxis, Computerunterstützung* (Grundlagentexte Methoden, 5. Auflage). Weinheim, Basel: Beltz Juventa.

o Lück, H. E. (Hrsg.). (2005). *Illustrierte Geschichte der Psychologie* (Beltz-Taschenbuch, Bd. 138, Unveränd. Nachdr. mit aktualisiertem Autorenverz). Weinheim: Beltz.

o Lück, H. E. (2013). *Geschichte der Psychologie. Strömungen, Schulen, Entwicklungen* (Grundriss der Psychologie, Bd. 1, 6. Aufl.). Stuttgart: Kohlhammer.

o Lückert, H.-R. & Lückert, I. (1994). *Einführung in die kognitive Verhaltenstherapie. Allgemeine Grundlagen ; die Modelle von Beck, Ellis, Lazarus, Lückert, Mahoney und Meichenbaum* (UTB für Wissenschaft Große Reihe Psychologie, [8087]). München: Reinhardt.

o Maderthaner, R. (2010). *Psychologie* (UTB UTB basics, Bd. 2772, 1. Aufl.). Stuttgart: UTB GmbH; facultas.wuv.

o Margraf, J. & Schneider, S. (2009). *Lehrbuch der Verhaltenstherapie* [Neuaufl.]. Heidelberg: Springer Medizin.

o Maschewsky, W. (1977). *Das Experiment in der Psychologie* (Campus : Texte : Gesellschaftswiss). Frankfurt/Main, New York: Campus-Verlag.

o Mayring, P. (2016). *Einführung in die qualitative Sozialforschung. Eine Anleitung zu qualitativem Denken* (Pädagogik, 6., überarbeitete Auflage, Online-ausgabe). Weinheim und Basel: Beltz Verlag. Verfügbar unter: http://nbn-resolving.org/urn:nbn:de:bsz:31-epflicht-1127318

o Metzinger, T. (Hrsg.). (2007). *Grundkurs Philosophie des Geistes* [Verschiedene Aufl.]. Paderborn: Mentis.

o Mühlfelder, M. (2017). *Einführung in die Psychologie* (1. Auflage). Studienbrief der SRH Fernhochschule. Riedlingen.

o Myers, D. G. (2014). *Psychologie. Mit 48 Tabellen* (Springer-Lehrbuch, 3., vollst. überarb. und erw. Aufl.). Berlin, Heidelberg: Springer.

o Neisser, U. (1974). *Kognitive Psychologie* (Konzepte der Humanwissenschaften, 1. Aufl.). Stuttgart: Klett.

o Nolting, H.-P. & Paulus, P. (2009). *Psychologie lernen. Eine Einführung und Anleitung* (Psychologie 2012, 11. Aufl.) [Erscheinungsort nicht ermittelbar]: Beltz.

o Pauen, M. (2014). *Grundprobleme der Philosophie des Geistes. Eine Einführung* (Fischer Digital, Bd. 30301, Unveränderter Reprint einer älteren Ausgabe, 4. Auflage (Juni 2005)). Frankfurt am Main: Fischer Taschenbuch Verlag.

o Popper, K. R. & Eccles, J. C. (op. 1989). *Das Ich und sein Gehirn* (A. Hartung, W. Hochkeppel, Übers.) (Serie Piper, Bd. 1096). München, Zürich: R. Piper.

o Reinhardt, R. & Ornau, F. (2021). *Grundlagen der empirischen Sozialforschung* (4. Auflage). Studienbrief der SRH Fernhochschule. Riedlingen.

o Reuter, H. (2014). *Geschichte der Psychologie* (Bachelorstudium Psychologie). Göttingen, Bern, Wien, Paris, Oxford, Prag, Toronto, Boston, Mass., Amsterdam, Kopenhagen, Stockholm, Florenz, Helsinki: Hogrefe.

o Schönpflug, W. (2006). *Einführung in die Psychologie* (Lehrbuch, 1. Aufl.). Weinheim, Basel: Beltz, PVU.

o Schröger, E., Grimm, S. & Müller, D. (2022). *Biologische psychologie* (Basiswissen Psychologie, 2. Auflage). Berlin: Springer.

o Schütz, A. (2015). *Psychologie. Eine einführung in ihre grundlagen und anwendungsfächer* (5., überarbeitete und erweiterte Auflage). Stuttgart, [Germany]: Verlag W. Kohlhammer.

o Senf, W., Broda, M., Voos, D. & Neher, M. (Hrsg.). (2020). *Praxis der Psychotherapie. Ein integratives Lehrbuch* (6., überarbeitete Auflage). Stuttgart: Georg Thieme Verlag.